D1614326

Canciones del que no canta

Alfaguara es un sello editorial del Grupo Santillana

www.alfaguara.com

Argentina
Av. Leandro N. Alem, 720
C 1001 AAP Buenos Aires
Tel. (54 114) 119 50 00
Fax (54 114) 912 74 40

Bolivia
Avda. Arce, 2333
La Paz
Tel. (591 2) 44 11 22
Fax (591 2) 44 22 08

Chile
Dr. Aníbal Ariztía, 1444
Providencia
Santiago de Chile
Tel. (56 2) 384 30 00
Fax (56 2) 384 30 60

Colombia
Calle 80, 10-23
Bogotá
Tel. (57 1) 635 12 00
Fax (57 1) 236 93 82

Costa Rica
La Uruca
Del Edificio de Aviación Civil 200 m al Oeste
San José de Costa Rica
Tel. (506) 220 42 42 y 220 47 70
Fax (506) 220 13 20

Ecuador
Avda. Eloy Alfaro, 33-3470 y Avda. 6 de
Diciembre
Quito
Tel. (593 2) 244 66 56 y 244 21 54
Fax (593 2) 244 87 91

El Salvador
Siemens, 51
Zona Industrial Santa Elena
Antiguo Cuscatlan - La Libertad
Tel. (503) 2 505 89 y 2 289 89 20
Fax (503) 2 278 60 66

España
Torrelaguna, 60
28043 Madrid
Tel. (34 91) 744 90 60
Fax (34 91) 744 92 24

Estados Unidos
2105 N.W. 86th Avenue
Doral, F.L. 33122
Tel. (1 305) 591 95 22 y 591 22 32
Fax (1 305) 591 91 45

Guatemala
7ª Avda. 11-11
Zona 9
Guatemala C.A.
Tel. (502) 24 29 43 00
Fax (502) 24 29 43 43

Honduras
Colonia Tepeyac Contigua a Banco Cuscatlan
Boulevard Juan Pablo, frente al Templo
Adventista 7º Día, Casa 1626
Tegucigalpa
Tel. (504) 239 98 84

México
Avda. Universidad, 767
Colonia del Valle
03100 México D.F.
Tel. (52 5) 554 20 75 30
Fax (52 5) 556 01 10 67

Panamá
Avda. Juan Pablo II, nº15. Apartado Postal
863199, zona 7. Urbanización Industrial
La Locería - Ciudad de Panamá
Tel. (507) 260 09 45

Paraguay
Avda. Venezuela, 276,
entre Mariscal López y España
Asunción
Tel./fax (595 21) 213 294 y 214 983

Perú
Avda. Primavera 2160
Surco
Lima 33
Tel. (51 1) 313 4000
Fax. (51 1) 313 4001

Puerto Rico
Avda. Roosevelt, 1506
Guaynabo 00968
Puerto Rico
Tel. (1 787) 781 98 00
Fax (1 787) 782 61 49

República Dominicana
Juan Sánchez Ramírez, 9
Gazcue
Santo Domingo R.D.
Tel. (1809) 682 13 82 y 221 08 70
Fax (1809) 689 10 22

Uruguay
Constitución, 1889
11800 Montevideo
Tel. (598 2) 402 73 42 y 402 72 71
Fax (598 2) 401 51 86

Venezuela
Avda. Rómulo Gallegos
Edificio Zulia, 1º - Sector Monte Cristo
Boleita Norte
Caracas
Tel. (58 212) 235 30 33
Fax (58 212) 239 10 51

Canciones del que no canta
Mario Benedetti

ALFAGUARA

D. R. © 2006, Mario Benedetti
Guillermo Schavelzon & Asoc. Agencia Literaria
info@schavelzon.com
D. R. © De esta edición:
Santillana Ediciones Generales, S. A. de C. V., 2007
Av. Universidad 767, Col. del Valle
México, 03100, D.F. Teléfono 5420 7530
www.alfaguara.com.mx

Primera edición: julio de 2007

D.R. © Diseño de cubierta: Everardo Monteagudo

ISBN: 970-770-997-9
        978-970-770-997-3

Impreso en México

a Luz, que ya no está pero estará
siempre, en memoria de nuestros
60 años de buen amor

El que no canta

Cómo me gustaría
cantar pero no canto
prefiero darles letras a juglares
y si ellos las entonan me parece
que mis estrofas se visten de lujo

mis versos solos son algo raquíticos
reclaman trinos para hacerse fuertes
y piden voces que los enriquezcan /
a uno las letras le salen de adentro
y vienen hechas con sangre y sudor
pero la música espera en el aire
y elige el verso que más le conviene

cómo me gustaría
cantar pero no canto
por respeto no canto
por respeto a mí mismo y a los otros
a veces canto en sueños / sin pudores
versos de casi clásicos / o sea
de Darío y Machado / de Vallejo
pero ellos ya no pueden molestarse
porque en el purgatorio no hay audífonos

cómo me gustaría
cantar bajo la ducha
ah pero los vecinos más sensibles

elevarían un duro reclamo
contra ruidos molestos

esta canción de los que no cantamos
andará un tiempo huérfana de música
esperando / y ojalá que con éxito
que un viejo bandoneón o una guitarra
sobre todo una voz comunicante
la rescaten del pálido silencio
y le den vida de una vez por todas

Bostezos

Si algún orador repite
tonterías ex profeso
yo bostezo

si el ladrón / porque es un niño
por ahora no está preso
yo bostezo

si en el cine los actores
se demoran en el beso
yo bostezo

si aquel sabio que sabía
se ha quedado patitieso
yo bostezo

si un matón que pasa siempre
se olvidó de su sabueso
yo bostezo

cuando canta aquel tenor
tan sin gracia y tan obeso
yo bostezo

cuando el fiel que va a su misa
no se acuerda de su rezo
yo bostezo

y si pasan diez minutos
y ya nada me provoca
sólo ahí cierro la boca

Balada

No sé qué haré
cuando despierte
con este modo
de quererte

ya sé que el tiempo
nos lo advierte
gracias a él
me siento fuerte

pero también
me siento inerte
cuando la sombra
se convierte

en un fantasma
y se divierte
para que yo
me desconcierte

después de todo
cuando acierte
con un afán
que me liberte

no sé qué haré
con esta suerte

con este amor
con esta muerte

Eros

Eros eras ya no eres
a pesar de lo que fuiste
se te ve un poquito triste
porque no tenés mujeres

no te preocupes muchacho
cumpliste con tu deber
porque nadie puede ser
sempiternamente macho

el amor es una gloria
y a veces un accidente
se produce y de repente
te cambia toda la historia

Eros del mar y del río
del presente y del pasado
sentirse algo enamorado
siempre ha sido un desafío

querer en tanto se pueda
sedentarios o viajeros
habrá que aplaudir a Eros
si el amor llega y se queda

y si se escapa / tampoco
hay que dejar que se luzca

habrá que salir en busca
de otro Eros menos loco

Calidoscopio

Calidoscopio de sueños
varias veces repetido
aunque parezca mentira
nos va marcando el camino

pasamos y repasamos
y el paisaje no es el mismo
pero a veces se entrelazan
lo humano con lo divino

aquí cerca está el follaje
allá lejos pasa el río
y arribita queda el cielo
ceniciento y aburrido

el amor nos hace señas /
en la copa espera el vino
y rencores de hace mucho
golpean con su martillo

yo me voy con un recelo
para mí desconocido
con los puños apretados
y el corazón malherido

vivir es tan complicado
y morirse tan sencillo

melancólicos estamos
pero es sólo por el frío

Grillo

Es obvio que los grillos
no estudiaron solfeo
y sin embargo nunca desafinan

son buenos compañeros del insomnio
y su guarida es un sanctasanctórum
no se sabe si su voz es violín
o flauta o chirimía o clarinete
no es nada de eso / nada / es simplemente
la voz del grillo entre los pastizales
o bajo un árbol o en la flor del río

no se sabe si es eco de un dolor
o anuncia la alegría de las nubes
ese amo de lo oscuro nos desvela
para que descifremos nuestro sino
y nos metamos en la madrugada
con ganas de morir o de vivir

el grillo es sobre todo un centinela
no importa desde dónde o para quién
él suena preguntándole al crepúsculo
cómo será la noche del vacío

sabe que no es eterno pero deja
en sus élitros su mejor legado
y el sucesor afina el instrumento
aunque siempre es la misma serenata

Milonga desvelada

Milonga de poca monta
en mi noche de desvelo
uno se siente en la tierra
y se olvida hasta del cielo

lejos allá se ve el manso
horizonte que alucina
y aquí cerca / al lado mío
sólo un paisaje de ruina

milonga del ganapán
y del ganapanadero
que se callen los profetas
no me gusta el mal agüero

milonga del caracol
despacito pero avanza
uno siempre anda apurado
y es por eso que se cansa

milonga del pobre viudo
que seguía yendo a misa
pero dejó de rezar
cuando encontró otra gurisa

Milonga de los perdones

Milonga de los perdones
y de los perdonavidas
aunque incluya a los que a veces
nos dejaron con heridas

milonga de no quedarse
abrazado a los rencores
aunque en uno que otro caso
se puede odiar sin pudores

milonga reloj de arena
que organiza tu memoria
hasta que un día te marque
la vejez obligatoria

milonga de un escondrijo
donde nadie te delate
y puedas cantar la nueva
milonga del disparate

milonguera que te ayude
a salir del laberinto
con un puñado de suerte
y un litro de vino tinto

la milonga disponible
puede servirnos de guía

si le agregamos paciencia
y algo de melancolía

milonga de la tristeza
viene con pálidos ecos
hay miradas como llanto
pero hay ojos que están secos

mujer que alguien robaría
con ayuda o sin ayuda
el que la cruza en la calle
con los ojos la desnuda

milonga del millonario
no importa lo que nos cobres
yo prefiero conformarme
con el perdón de los pobres

Nocturno

La noche es lo mejor de la jornada
su sombra es un refugio de la paz
en la noche frugal y acogedora
uno suele soñar

con la noche podemos entendernos
porque el sol ya no puede encandilar
y ante las exigencias de lo oscuro
la tristeza se va

en la sencilla noche recordamos
la infancia prisionera de su afán
y los años radiantes que jugaban
con la felicidad

la noche lleva a cuestas su secreto
que tal vez nunca lo revelará
pero nosotros se lo respetamos
no le pedimos más

los nuevos pasos pasan y repasan
la dulce y bienvenida oscuridad
en esta noche limpia que es de todos
uno puede soñar

Campanas

Cuando suenan las campanas
a las seis y treinta y dos
no pienso en lo que se atrasan
las oigo como un reloj

ellas me dicen que es cierto
que ya viejo como estoy
es lógico que no quiera
más cartas en el buzón

el almanaque en colores
lo explica mucho mejor
los años están pasando
y en su mochila voy yo

y no es que pasen ligero
cantando sin ton ni son
más bien contemplan curiosos
al fiel que sobrevivió

los golpes del campanario
me dan en el corazón
pero el corazón se calla
por un mínimo pudor

ya por fin / aunque atrasada
la campana se calló

y me esperan en la cama
sábana almohada y colchón

Los que saben

Los que saben lo que saben
los que ignoran lo que ignoran
se desviven por ser justos
pero el tiempo los devora

entonces se quedan solos
y si tienen sed y hambre
se preguntan a sí mismos
por su suerte de habitantes

se conmueven con la brisa
dulce de la madrugada
y repasan sus cuadernos
en busca de una palabra

su memoria recopila
los paisajes más lejanos
y muchachas seductoras
al alcance de la mano

lo peor es cómo pesa
la maleta de las dudas
y que el implacable espejo
no perdone las arrugas

volvemos pero nos vamos
nos vamos pero volvemos

a las rosas que eran mías
ya no les queda ni un pétalo

los que saben lo que saben
saben que esto se termina
porque ahí nomás lloriquea
la muerte recién nacida

Fotos

Las fotos todo lo cuentan
y eso es casi irremediable
los juegos con que jugábamos
los rostros de nuestros padres

el murciélago allá arriba
y la lluvia en los cristales
los apretones de manos
cuando hacíamos las paces

panoramas con un cielo
olvidado de los ángeles
y en el lindo rostro de ella
ojeras con un mensaje

en el verano / sudores
y en la vendimia / las aves
y un faro como de fuego
que va tocando los árboles

cuántas fotos que nos cuentan
de engañifas y de fraudes
que antes sólo eran memoria
y ahora son un disparate

unas parecen moverse
como si tuvieran sangre

y otras hay de signo mágico
que compiten con el aire

ya mejor guardo las fotos
son demasiadas señales
de que el pasado se agranda
y se me achica el coraje

Milonga de la vejez

Los años pasan y pasan
la vida se pone vieja
tengo surcos en la frente
y una verruga en la oreja

los sabios de poca monta
predican sin muchas ganas
pero sus graves anuncios
casi siempre son macanas

no todos los veteranos
son de la misma autoría
hay viejos sobresalientes
y viejos de porquería

la experiencia sirve de algo
y ese algo tiene precio
conviene no confundir
el rigor con el desprecio

los años pasan y pasan
y los pies se van cansando
hasta que el cuerpo pregunta
caballeros / ¿hasta cuándo?

acordarnos de los años
a veces nos hace mal

lo mejor es que archivemos
la vejez en el morral

Milonga de la violencia

Milonga de la violencia
esa aliada de la muerte
al que le toca le toca
y en víctima se convierte

la violencia es un rezago
de la vieja cobardía
el que no tiene argumentos
recurre a la tropelía

según reza el Evangelio
Caín fue el primer violento
y su hermanito el Abel
fue la víctima del cuento

hoy hay violencia en las canchas
Caín sigue en la viaraza
pero Abel mira el partido
en la tele de su casa

violencia es la maldición
y su origen es oscuro
matémosla con la paz
despacito y sin apuro

Sonetos con destino

Soneto con cerrazón

En esta cerrazón sin recompensa
hay que buscar un poco de alegría
el gozo no es jamás una herejía
y disfrutarlo nunca es una ofensa

mirar de frente es la mejor defensa
y es saludable la melancolía
y meterse de lleno en la poesía
nos salva del temor y la vergüenza

con mis ensueños vago por las calles
reconociendo los alrededores
palmo a palmo y a veces palma a palma

no me conmueven tanto esos detalles
como el recuerdo de ciertos amores
guardados en las ánforas del alma

Soneto del verano

El calor me enternece a pesar mío
me aleja de las penas naturales
de la penuria de los arrabales
de las incógnitas y del vacío

para qué sirve ahora el desafío
que nos proponen voces magistrales
si las olas el viento y sus señales
no pueden con la calma del estío

ya no vale ninguna estratagema
para dar el sosiego por seguro
y escuchar los cuentitos del abuelo

lo que ocurre es que surge otro dilema
¿qué esperanza nos queda en el futuro
si el verano se acaba y vuelve el hielo?

Soneto con tango

Bailar un tango es un descubrimiento
del aire / de la noche / del pasado
de un cuerpo femenino enamorado
y un eros protector / sin aspaviento

en el tango no cunde el desaliento
y cada paso vuelve renovado
porque en sus leyes nada es perdonado
y no se juega con el sentimiento

cuerpo a cuerpo el tanguero los enlaza
la pareja se olvida de estar triste
y entre ambos encuentran su medida

comprometido al fin con lo que abraza
cada uno es consciente de que existe
porque el tango es dialecto de la vida

Soneto en guerra

¿Por qué en las guerras Dios nunca se olvida
de azuzar a los bandos y a la muerte?
¿por qué será que el hombre no lo advierte
y apoya la canónica embestida?

no hay guerra sin un dios que la presida
bendiciendo la sangre que se vierte
y el odio de los bravos se convierte
en una inesperada canonjía

hay quien sale en la busca de un amparo
donde no haya devotos ni profeta
y no se meta un santo en el jaleo

de pronto el intuitivo lo ve claro /
ya que no hay religión sin metralleta
por las dudas elige ser ateo

Lucha de clases

Toda lucha de clases es un nido
de problemas nada superficiales
sea en las cumbres o en los arrabales
en la memoria como en el olvido

siempre hay un sueño que es más atrevido
y también otros que son más brutales
el corazón enfrenta esos puñales
pero no se da nunca por vencido

en la brega entre pillos y decentes
es bastante riesgoso ser sincero
hay sádicos de mierda y hay bufones

y en esta pugna de sobrevivientes
hay buena gente que se aflige / pero
en la lucha de clases no hay perdones

Soneto del enemigo

El enemigo es siempre un centinela
que quisiera pillarnos en pecado
y como él nunca está desamparado
en la noche sin lumbre nos desvela

el enemigo es una ciudadela
en contra del futuro y el pasado
y aunque uno ya esté más acostumbrado
ningún rival es una bagatela

lo mejor es mirarlo frente a frente
no se vence al opuesto si se huye
sobre todo si cerca hay un abismo

después de meditarlo largamente
en un rapto sincero se concluye
que el enemigo es parte de uno mismo

Soneto con noticias

Los diarios vienen llenos de noticias
cinco falsas por una verdadera
pero todas nos mueven la mollera
porque siempre tememos sus malicias

algunas son penurias vitalicias
que nos apenan de cualquier manera
pero otras hay de estirpe lisonjera
digamos el amor con sus caricias

cada noticia viene con su dueño
pero no siempre está bien informado
es mejor opinar sobre seguro

en el gran noticiero que es el sueño
hay primicias que vienen del pasado
pero hay otras que llaman al futuro

Soneto con bruja

Gabriel se enamoró perdidamente
de una bruja arrogante que tenía
una trascendental sabiduría
que la hacía admirable y diferente

y él se enamoró / tan imprudente
pese a que el sabio abuelo le decía
que las brujas son una porquería
y es mejor que algún santo las ahuyente

pobre Gabriel / la arpía de etiqueta
era tan sólo un serafín de cuento
que apareció flotando en su burbuja

ante esa inesperada jugarreta
y herido por el ángel truculento
se lanzó a la conquista de otra bruja

Soneto con sueños

En los sueños se evade la tristeza
uno se ve vivir con esperanza
se mueve con soltura y no se cansa
y disfruta el candor de la belleza

lindo es soñar con la naturaleza
que trasmite certezas y confianza
y el limpio logro que una vez se alcanza
no nos deja bochorno ni vergüenza

en sueños no hay prisión ni compromiso
el mundo en aleluya se convierte
y en una noche aprendemos a amar

de pronto todo cambia sin preaviso
y recién comprendemos que la muerte
de tantos sueños es el despertar

Soneto con destino

Llega el destino como un alcahuete
nos cuenta lo que dicen aquí al lado
su cachimba tiene humos del pasado
pero no encuentra que alguien lo respete

bien quisiera encerrarnos en un brete
como si convivir fuera pecado
alguna vez uno se ve tentado
de mandarle su chisme a la gran siete

llega el destino falso y encubierto
es un soplón que vende mal de ojo
y por las dudas nunca lo confiesa

si llega hay que esperarlo bien despierto
y en la agenda anotarlo en trazo rojo
para que no nos tome de sorpresa

Soneto del sentimiento

Ya no se juega con el sentimiento
ni siquiera es un asta de estandarte
no es una escarapela ni un baluarte
ni tampoco un sermón del pensamiento

algo se siente en cada juramento
y en cada tabernáculo del arte
pero el sentir en cuotas se reparte
y se asocia al aquí con otro acento

yo siempre guardo en mi álbum de emociones
pedacitos de pena o de alegría
y algún delirio siempre que se pueda

el sentimiento avanza entre perdones
sin el menor recelo se confía
entra en el corazón y allí se queda

Soneto con abismo

Cada cual sufre con su propio abismo
su personal derrota / su fracaso
hasta en el sueño uno da un mal paso
y entonces no se quiere ni a sí mismo

si ha de quedar atrás el egoísmo
y se cambia el desdén por el abrazo
ya no será tan cruel el suelo raso
y no habrá que temer al fanatismo

hay que poner los pies en el presente
para que antes de volverse viejo
se pueda vivir más tranquilamente

la verdad pura sólo llega el día
en que uno aprende al verse en el espejo
que el abismo sólo es melancolía

Soneto de las ruinas

El mundo comenzó como una ruina
sin bichos sin Adanes y sin Evas
después fue descubriendo caras nuevas
de clase más humana que divina

en dónde habrá aprendido su rutina
ese retoño que nació en las cuevas
que más tarde fue siervo de las glebas
y sin embargo nunca se termina

ya pasaron los años milagrosos
no nos seduce la última aventura
y ya sabemos todo el alfabeto

tal vez tengamos algo de ruinosos
mas no olvidemos que en cualquier cultura
las ruinas son miradas con respeto

Soneto con bailongo

El tiempo pasa y pasa tan ligero
que no recuerdo si cuando era joven
prefería un cuarteto de Beethoven
o el viejo bandoneón arrabalero

si uno tiene un pasado milonguero
no es fácil que otros ritmos se lo roben
con ruidos y más ruidos / no joroben /
yo bailo con el ritmo que prefiero

la música de todos comparece
en sueños tanto como en la vigilia
por las dudas uno se reconcilia

con un silencio que ya no estremece
y salvo que algún pánfilo se oponga
yo me voy a mover con la milonga

Soneto del dinero

¿Por qué será el dinero un maleficio?
todo se merca / con o sin urgencia
rameras / autos / lápidas / conciencia
aportan al cajero su servicio

el dinero no tiene desperdicio
los más pobres lo ganan con paciencia
y los más ricos por correspondencia
o sobornando a ruines sin prejuicio

la guita / ya se sabe / es invasora
como si el patrimonio fuera eterno
con un custodio nada compasivo

mas si al ricacho le llega la hora
en la tesorería del infierno
no le aceptan ni cheques ni efectivo

Soneto del garabato

Somos un garabato de la historia
a lo sumo una sombra con señales
y deseos antiguos o casuales
que esperan en la línea divisoria

nuestra penuria no es obligatoria
y si nos llegan plácemes frugales
desde los cuatro puntos cardinales
creemos que ya estamos en la gloria

se va entonando poco a poco el alma
y si por fin me alcanzan los amores
dejo mis impaciencias junto al río

y cuando me rodean con su calma
los enigmáticos alrededores
decido conformarme con lo mío

Soneto de memoria

En la memoria viven los mortales
los que se esconden y los que se lucen
los que fornican y se reproducen
los igualitos y los desiguales

en la memoria quedan las señales
de los que poco a poco nos conducen
y con paciencia y miel nos introducen
en las plegarias y en las bacanales

aunque parezca que ganó el olvido
nadie puede salir de su memoria
intentarlo será tiempo perdido

en la ilusión no cunde la victoria
y si la muerte llega en un descuido
allí nomás se terminó la historia

Soneto del invierno

Esas comarcas que no tienen nieve
conocen poco del invierno cruento
pero así y todo cunde el desaliento
cuando hace frío o graniza o llueve

uno no siempre a deambular se atreve
cuando la helada nos corta el aliento
pero hay que trabajar por el sustento
y tratar de que el viento no nos lleve

el temblor no carece de perdones
y hasta la boca es fría cuando besa /
una candela a veces nos alivia /

de las cuatro ordenadas estaciones
el invierno ese erial de la tristeza
es un anuncio de la muerte tibia

De amor y de vida

De vez en cuando

De vez en cuando cometo ingenuidades
y el futuro me acecha en la penumbra
yo lo miro de frente
más allá del espejo
y sin que nada ni nadie lo convoque
un áspero incienso
me responde y me asfixia
poco importa

yo acumulo inocencias y descargas
que traje en los morrales del que fui
no me gusta mentirme y sin embargo
creo que a veces me descuido me pierdo
y transito un camino que no es mío

igual me aferro a mi sarta de nombres
(todo un quinteto) para que a ninguno
lo lleve el vendaval

a veces he creído enamorarme
pero después de todo hubo sólo una vez
y ésa sí fue de veras
pero después de 60 años
el destino cretino
me quitó a Ella
de entre mis brazos flacos

y me sentí solo como un perro
(sin perra, claro)

de vez en cuando tengo vislumbres
de tiempos gráciles o luctuosos
y me quedo inmóvil como esperando
quién sabe a quién

hay síntomas furtivos
que vienen como fantasmas
a pedirme cuentas
ya no me acuerdo de qué pecados
por supuesto veniales

y si mis ojos de hoy
miran el suelo
no es para encontrar
huellas de mis culpas
sino simplemente para no tropezar

aunque usted lector no lo crea
de vez en cuando aprendo a vivir

Prisión

Estamos prisioneros
yo de vos / vos de mí
la celda del amor es ancha y loca
y podemos jugar en sus rincones

están las manos para acariciar
y para recordarnos las heridas
con la dulzura que las hace leves

el tiempo pasa y el amor repasa
las artimañas y los escondrijos
donde quedaron pedacitos de algo
que tienen su importancia todavía

estamos prisioneros y no importa
la cárcel del amor tiene barrotes
de entusiasmos abrazos y paciencia

el tiempo corre y nadie añora el premio
de alguna libertad desamorada

yo de vos / vos de mí
viva la cárcel de nosotros dos

Bocas

Si besás con los besos de tu boca
es como si olvidaras padeceres
que se quedaron allá atrás / sumisos
mientras te vas en busca de otros labios

el amor tiene un filo de bonanza
que dura mucho o poco / pero dura
y admitimos que somos o seremos
algo mejores ya que damos algo

si besás con los besos de tu boca
es como si tu mundo fuera otro
más cándido más suave más espléndido
más lleno de promesas y quién sabe

con el amor no hay que descuidarse
hay que asistirlo y hay que merecerlo
ya que no pasa en vano por tu paso
y hasta puede fugarse en una noche

si besás con los besos de tu boca
y la otra boca sabe que sos suya
el azar suele darse por vencido
y se pone a las órdenes del beso

en el amor hay mucho que aprender
y también algo que enseñar amando

si besás con los besos de tu boca
en otra boca encontrarás tu premio

60 años

Nos encontramos siendo niño y niña
y nos fuimos queriendo de a poquito
novios conscientes / luego nos casamos
y cumplimos 60 años de suerte

una mañana ella empezó a extraviarse
no encontraba la casa madrileña
y a mí me fue naciendo la piedad
como una nueva forma del amor

al final regresamos a lo nuestro
y ella volvió a su infancia
todavía sabe decir mi nombre
y me mira con los ojos cerrados

vive en su azar y así lo balbucea
y yo vivo en el mío que es castigo
no sé por qué o de quién o desde cuándo
y que a esta altura ya es irremediable

la miro y la recuerdo cómo era
con su cariño de 24 horas
y al verla ahora otra en su quietud
cargo mi soledad en la mochila

Enamorados

A los enamorados
habría que encerrarlos
en una jaula de barrotes de bronce
así ningún ex amante llegaría
con puñales y malas intenciones

seguramente el público del zoo
los miraría con más interés
que al elefante de ojazos azules
o al loro que recita
poemas de Ezra Pound

a los enamorados
hay que defenderlos
de los celosos y los despechados

ellos cuando se aburren de besarse
se entretienen mirando
a los turistas yanquis
que encarecidamente les piden
que forniquen *and fornicate please*
para llevar la foto a Pennsylvania

pero los enamorados son discretos
sólo copulan en la noche
cuando el testigo único es la luna

los enamorados al final envejecen
y entonces vienen de excursión
los candorosos niños
que sonríen y ríen y comentan
mirá cómo se quieren los abuelos

Ayer

Me quedaré con el ayer contrito
ensimismado mustio cabizbajo
con el ayer tan arduo de mi vida
que viene como en olas de impaciencia
a reprocharme lo que pude ser
y no fui por desidia o desamparo

en el ayer caben los testimonios
las esperanzas que se diluyeron
la historia que quedó en las cicatrices
y algunas moderadas alegrías
que las escondo bajo siete llaves

el ayer siempre absorbe al anteayer
y viene a ser resumen del pasado /

al aprender qué fui sé cómo soy
el ayer es un tríptico de espejos
y también es un atlas de respuestas
todo pasa / todo se va instalando
en el centímetro que corresponde

y el ayer crece crece crece crece
de enano se transforma en un gigante
así hasta que un espectro / ya de luto
sumerge los ayeres en la nada

Cenizas

Las cenizas son signo de igualdad

las del perverso dueño del Imperio
son similares a las del mendigo
y las cenizas de la primavera
son parecidas a las del invierno
cada ceniza tiene sus claves

somos un pobre mundo de cenizas
que aunque en el cierzo
ya no sobreviven
lo saben todo del sobremuriente

hasta el amor a veces se calcina
y no hay abrazo que lo salvaguarde

hay curiosos que quieren descubrir
cómo nació el vivero ceniciento
y nunca lo sabrán pues la ceniza
sobrevive al aliento y a la sangre

se habla de miércoles de ceniza
y por qué no de jueves y domingos
las hay azules verdes y volcánicas

para los niños hay la cenicienta
para el adulto están los ceniceros

cómo debe reírse la ceniza
de todos sus futuros inquilinos

Compañero

¿Qué es un compañero?
¿alguien dispuesto a andar como nosotros?
¿alguien que se acomoda a nuestros sueños?
¿que nos mira a los ojos sin prejuicio?
¿que sabe de la vida y de la muerte
y pugna en las etapas intermedias?
¿alguien que nos abraza sin anuncio
y nos deja en custodia
un poco de su fe?

con él tenemos odios compartidos
una suerte de solidaridad
que nos sirve de escudo frente al mundo

un compañero es una coyuntura
puede durar instantes o una vida
es un reflejo que contagia al aire
y respiramos con estos pulmones

un compañero tiene piernas
tiene memoria y tiene alma
y si nos dice adiós sabemos
que volveremos a encontrarlo
aquí o quizá en el más allá

Fracaso

Fracasar es también una señal
que es casi una advertencia / por ejemplo
que teníamos algo para dar
tal vez para perderlo en una noche

los insomnios se quedan tan vacíos
como un cielo sin fin / y sin embargo
puede el fracaso abrirnos una puerta
una ventana o quizás una mano

que nos sirva de ayuda inesperada
fracasar es haber triunfado antes
y eso suele dejar un buen sabor /
al destino le consta y es astuto

sabe por qué no nos sobreponemos
a derrotas que estaban anunciadas
sabe por qué al final nos estremece
la vocación impar de los vencidos

el fracaso hace bien / es una alarma
nos enseña que somos vulnerables
y con esa tutela nos da fuerzas
para volver de nuevo a la victoria

Vejeces

Y la vejez empezó allá en la infancia
cuando recién abríamos los ojos
y no teníamos noción del tiempo
ni de los años o los desengaños

la vejez siempre estuvo a nuestro lado
acechando los pasos que no dábamos
los amores que nos estremecían
y los odios que nos dejaban solos

las predicciones nos atravesaban
la lluvia / esa saliva de algún dios
cayó sobre nosotros y los otros
y quedamos sin sol y a la intemperie

llegó un instante un lustro media vida
en que ya no contamos nuevos años
ni la interrogación de nuestros muertos
ni la respuesta que nos dice el alma

la vejez no transcurre / es como un témpano
que nos hiela la sangre en retroceso
y un día o una noche se termina
y nos deja en los brazos de otra infancia

Foto sepia

Una noche llegaron los abuelos
y se metieron en la foto sepia
venían de Foligno / Umbría / Italia /
y se habían propuesto aclimatarse
en esta mansa tierra que tenía
apariencia de buena y era buena

trajeron tradiciones y buen vino
los deseos en su cajita de ébano
la cuchara para los spaghetti
y un exilio que aún no se nombraba

desde la foto lo aprendieron todo
empezando por la melancolía
que fluye en nuestras venas

aunque cueste creerlo somos nietos
de sus percances y sus esplendores
vinieron listos a dejarnos suerte

él era un químico de veras y ella
sorda como una tapia y se reía
con una risa tana y contagiosa

desde la foto ahora se despiden
porque la oscura los llevó hace tiempo
pero uno y otra nos dejaron algo
en las bisagras de los corazones

Dudas

Ya no tendremos piel para alertarnos
para creer y descreer de rumbos
y no obstante entender a los iguales /
el miedo se nos va por una hendija
pero la soledad nos estremece
tiramos por la borda la obsecuencia
y el estupor de los malentendidos

uno se queda sin melancolía
y se va despidiendo por las dudas
la realidad nos malhumora y sigue /
ya no sé a dónde voy ni quién me acosa
vaya a saber qué quiere la distancia
con qué promesa habremos de enfrentarnos
con qué ilusiones a pedir de boca

si el corazón hablara nos diría
quién sabe cuántas viejas confidencias
cuántas catástrofes de abolengo
y ritos y memorias y añoranzas

de mes a mes todo se desdibuja
no sabemos si el mundo es el que cambia
o si nosotros nos volvemos otros

allá lejos quedaron los verdugos
y aquí cerca los mártires descalzos

ya no importa en qué gruta hemos nacido
lo cierto es lo que somos ahora mismo

Viajando

Me he movido tanto en esta vida
que los datos los pongo en un catálogo
viajes como turismo o como fuga
simplemente empujones del destino

estimula bajarse de un avión
o de un ferrocarril o de algún barco
y encontrarse con un paisaje inédito
que se mete de pronto en la memoria

gente nueva / sendas de banda ancha
rascacielos con dos equilibristas
falsos testigos y sobrevivientes
de diez catástrofes para la prensa

he estado bajo cielos tan distintos
pisado suelos con légamo o nieve
cruzado puentes entre norte y sur
cargando siempre con nostalgias viejas

de a poco uno comienza a transformarse
nada desde la nada hasta algún todo
ve ausencias convertidas en un mármol
y presencias que dan escalofrío

yo ya no sé si volveré a viajar
problemas y penurias son estorbos

que me tienen inmóvil en el tiempo
y aquí me quedaré mirando al mundo

Cumpleaños

Cada vez que cumplo años
no estoy para festejos
entro conmigo en la soledad
y me pongo a escuchar
una aurícula cualquiera
que al menos por ahora
no dice basta

el pasado es simplemente un hontanar
donde circulan castigos y perdones
todos con rumbo al secreto del sur
aunque a veces se pliegan al sureste

el pasado es también un arbolito
con colonias de pájaros inmóviles
que hace tiempo dejaron de cantar

cada vez que cumplo años
me sitúo de espaldas al futuro
para que no me reconozca

no olvidemos que en el porvenir
la vieja muerte tiene su morada
con ventanas hacia todos los paisajes
y ritos pendientes
en todos los siglos

cada vez que cumplo años
me olvido de contar con los dedos
y me quedo tan quieto y silencioso
como un viejo volcán apagado

Arrabal

En este preciso arrabal del mundo
hay poetas y mendigos
infractores y orates
mortales que fingen ser eternos
y se caen de maduros

allá lejos ocurren
cosas malditas o deseables
pero aquí cerca nos miramos
sollozando o sonriendo
según venga la bocha / y alfabetizamos
nuestra vieja ignorancia
hasta que aprende a escribir novamás

en este preciso arrabal del mundo
no está mal sentirse arrabalero
y si no que lo diga
el maestro Gardel
por supuesto el de Tacuarembó
donde también nacimos otros

el arrabal tiene su apostura
su corazón humilde y solidario
su pálido paisaje sin estatuas
su recompensa en vino tinto
si no hay vino en agua mineral

Serenidades

La serenidad es una conquista
que nos otorga el río cauteloso
sabemos que va en busca de su mar
y sin embargo no se ensoberbece
juega con las orillas arboladas
y con sus brazaletes de ligustro

el río va dejando los mensajes
que le entregaron ayer en la cumbre
y prosigue su ruta establecida
con su nostalgia sobria / la de siempre
pues la serenidad es un estado
del ánimo y a veces de las ánimas

el río la concilia con la luna
que la convierte en un espejo móvil
la serena mantiene ciertos huéspedes
que a veces la sacuden y le quitan
la paz que tomó en préstamo hace mucho
de los crepúsculos más silenciosos

el río pasa y osa / el inocente
y cuando llega al mar / el de las sales
su balanceo / ya no tan sereno
se va a caballo de las grandes olas

Triste o buena

Amar sin nadie / vaya cosa triste
sin nada que abrazar
ni eva que nos abrace

buscar en la memoria de la piel
la boca la cintura la lujuria ganada
las suaves nalgas tibias
y sólo hallar respuestas de fantasmas

los desaparecidos no aparecen
las voces de los árboles se apagan

quedan escombros de caricias
y con pudor nos preguntamos
¿por qué decimos tantas veces corazón?
¿será el único amigo que nos queda?
¿o será el refugio de los que queremos?

amar con alguien / vaya cosa buena

Autobiográfica

Las autobiografías tienen fama
de ser un poco mentirosas
pero si no aparecen como más veraces
más transparentes más sinceras
es porque el mundo es mundo
y no acepta las verdades desnudas

un autojuicio válido
puede ocurrir en la madrugada
cuando uno no logra bajar los párpados
y se encandila con el resplandor
de los faroles de la calle

allí no valen las dudas ni las deudas
ni los perdones ni las ansias locas
uno se admite entonces como es
sin fe de erratas

anotemos por último
que también es útil para sincerarse
para juzgarse con tranquilidad
llegar a la ribera de algún río
y ver cómo transcurre
plácida nostálgica y constante
la soledosa vena de agua
en busca de su mar

Rincones del alma

Están ahí discretos silenciosos
con poco que agregar a nuestra vida
pero siempre inquiriendo con astucia
desde el afán y desde la memoria

son rincones del alma en sus insomnios
donde el pasado aún se despereza

si alzo un párpado madrugador
veo a los jóvenes que vivirán
cuando no estemos para festejarlos

sé que serán felices entre sábanas
como supimos serlo vos y yo

los rincones del alma me preguntan
desde dónde hasta dónde caminamos
si el rumbo se aconseja en la razón
o no puede salir de la olvidanza

los rincones del alma tienen alma
y nada que envidiar al corazón

Teléfono

El teléfono llama
océano por medio
la voz viene de allá

en ese vuelo estéril
el deseo se afina
nos llega ya cansado
los recuerdos se agrietan
las llamas se consumen
los rostros envejecen
las voces son neblina

el teléfono llama
y en su plástico envase
suenan tenues reproches
y también hacen cola
voces desconocidas
con señales de insomnio
e inquisiciones varias

el teléfono llama
con gritos con murmullos
con réplicas a nadie
con dudas de otra época
y el corazón recibe
esa paliza injusta

que es pasado pisado
y futuro a pisar

el teléfono llama
pesadillescamente
inventa profecías
para que no lo cuelguen
dice jamás sin ganas
resonando en la noche
como un trueno perdido

el teléfono llama
no corras a atenderlo
déjalo que se aburra
y se llame a silencio

pero si vuelve y suena
una segunda vez
entonces sí levanta
el tubo porque ésta
puede ser la esperada
respuesta de un amor

Orillas

Quisiera andar por la orilla
de un río que ya no está
se me fue de la memoria
y no quiere regresar

quisiera esquivar las piedras
que cambiaban de lugar
cuando el río las lamía
como si fueran de pan

esta orilla tiene un cielo
que la mira sin cesar
pero la orilla de enfrente
se esconde en un matorral

hay orillas dondequiera
según leyes del azar
mas con mi orilla ninguna
se la puede comparar

en esta zona costera
se aprende la soledad
uno habla con los pájaros
despacito y nada más

allá lejos suenan voces
quién sabe lo que dirán

es mejor no descifrarlas
por las dudas sin dudar

el problema es cuando asoma
una muchacha ideal
y se sorprende el incauto
que se ha olvidado de amar

ya son dos en esta orilla
los que aprenden a besar
aunque no haya río porque
ella se acuerda del mar

Vino

Vino el vino qué suerte
no nos sentimos príncipes
pero un poco más jóvenes
y también menos viles

vas buscando tu calle
sin saber dónde vives
y al fin la localizas
si el tiempo lo permite

vino el vino qué suerte
ya no hay quién prevarique
buscándote defectos
y uno que otro berrinche

el sol pasa y repasa
lo mejor es que brille
así te sentís nuevo
sin nadie que vigile

por las dudas no pierdas
a una que te acaricie
ya se llame Rocío
o Raquel o Clotilde

vino el vino qué suerte
te vas con ese eclipse

y volvés esta noche
si nadie te lo impide

vino el vino qué suerte
brindemos por los tristes

Otro más con vino

Una copa de vino es un secreto
no se sabe por qué nos presta vida
hay una dimensión desconocida
en ese sorbo que es un amuleto

hay que beber el vino con respeto
con imaginación y con medida
no gustar de un buen tinto en la comida
es como ignorar el alfabeto

dicen que la salud es italiana
porque el vino les presta su energía
con regularidad carmelitana

un trago sustancioso y cristalino
incluye sus presagios de alegría
¡brindemos por el vino con el vino!

Reflejos

Casi nunca me busco en un reflejo
pero cuando lo hago me encarnizo
con años con arrugas con ojeras
¿fui o seré ese rostro malgastado
esa noticia pálida y sin suerte?

me miro sin ninguna expectativa
sin interés humilde en lo que soy
pero ¿qué soy inexorablemente?
¿algo que va acercándose al vacío?

el espejo jamás me dice ¡ánimo!
más bien es el programa de un abismo
con pájaros que vuelan invisibles
y rumores de mar que me amenazan

mejor cierro los ojos y me escondo

Azar

El azar llega hasta aquí
y nos deja turulatos
unas veces porque es burla
y otras veces es espanto

unos lo echan al olvido
como muestra de un pasado
y otros lo miran con lupa
con ganas de descifrarlo

el azar se nos convierte
en un enigma sin rastros
en el paisaje de algunos
o en un tema para el canto

tan azarosa es la vida
que se vende en el mercado
que no sabemos a dónde
encaminar nuestros pasos

con el azar no se juega
por las dudas / por si acaso

Búsqueda

Uno sale a buscar no sabe qué
conjetura que va / razón que viene
se va formando nuestra biografía
sin mayúsculas y con soledades

invulnerable allá en su madriguera
espera lo esperado / poca cosa
por ejemplo que no hay eternidad
ni mucho menos voces del abismo

todo es conmensurable / en las reliquias
en la vana esperanza / en los adioses
en la complicidad del esqueleto
que nos suministraron con los genes

uno sale a buscar no sabe qué
ignora si es azul o rojo o malva
controla el tiempo en un reloj de arena
y se pone a jugar con el olvido

al final uno encuentra algún vislumbre
que le va a revelar qué es lo que busca
algo después de todo tan sencillo
como encontrar amor en piel doncella

Ser unánime

En todos mis alrededores hay
un pedazo de mí / la rebanada
que fui dejando de prójimo en prójimo
hay trozos de bochorno / de rutina
y un poco de vergüenza / por qué no
mi ser se ha repartido en tantos seres
que mis ojos me miran en tres rostros
y mi voz va sonando en cuatro voces

esos yoes que cruzo por las calles
quizá se apenan como yo me apeno
pero ya no envejecen / qué atributo

estoy en los caminos / junto al río
y desde la otra orilla me dispongo
a encontrarme conmigo en la corriente

las nubes son de todos y lo saben
porque hay tristezas que así lo pregonan
con sus tijeras van cortando el marzo
y cada cual se lleva sus diez días

soy el que soy porque los otros son
las miserias nos unen fuertemente
el poder y el dinero nos separan
pero somos el mismo / el que nacimos
berreando entre pañales como un gato

estoy con todos porque soy de todos
en el polvo / en los bosques / en la lluvia
trozos de mí se juntan en la noche
y entonces sí / cuando me duermo y sueño
soy uno solo / sin mis duplicados

Mis autores

Cuando leí a Juan Rulfo
crecí cuatro centímetros
cuando leí a Machado fue un milagro
con Vallejo pude soñar a gusto
con nuestro Onetti asimilé lo insólito
y con Quiroga supe de tristezas

el bueno de Cortázar
me convirtió en su cómplice
en Felisberto me encontré con Kafka
y en Kafka con la jaula
que buscaba sus pájaros

en Paco Urondo optimismo hasta el pozo
en Roque Dalton su faro de indócil
José Emilio Pacheco me dio mundo y su fuego
Juan Gelman el amor hecho tragedia
Marcel Proust las disculpas de la culpa
Neruda su muestrario de metáforas
García Márquez ya no sé cuántas cosas

son los autores que metí en mi vida
éstos y muchos más
uvas de otro viñedo / son mi vino
y cuando me desarmo y los encuentro
brindo con ellos en copa de letras

Amparo

Estar solo puede ser un refugio
por cierto nada recomendable
uno no sabe si el cuerpo es cuerpo
o es un vestigio de fe perdida

libros dondequiera o donde no se quiera
la biblioteca es / digamos / una vida
con mil estantes que son instantes
donde estuvimos y ya no estamos

solo es también estar rodeado
de ausencias a veces cautelosas
que se van y regresan y nos miran
con su poquito de existencia

la soledad es una extraña
prerrogativa del dolor
y sin embargo uno se siente
libre como la lluvia en los cristales

estar solo también es un amparo
donde mueren las culpas inocentes
lo extraño es que a pesar suyo
no hay solitario que no añore
a su querida multitud

De un sitio

Uno siempre es de un sitio
aunque recorra el mundo
y en sus archivos la memoria vana
coleccione paisajes y paisajes

hay un zaguán nocturno
donde quedó un abrazo
fotos con multitudes o vacíos
coro de aplausos o silencio inerte
todo me vale y todo sigue intacto
los miedos y corajes que perduran
un código de estrellas
las de siempre
miradas que son hijas de otros ojos
y una brisa de otoño que me guía

pensamientos de ayer
entre las ramas
muchachas
que ahora están arrugaditas
pero con nietas de piel rozagante

los tiempos corren
las noticias vuelan
pero todo está aquí / todo perdura
y yo me reconozco en las paredes
en los postigos en las azoteas

esta ciudad desde siempre es la mía
y soy su transeúnte de nostalgia

cada esquina es mi esquina
cada ser es mi prójimo / mi otro
mi antepasado mi suplente
me mantengo como pez en el agua
y me deslizo entre odios y amores
que irremediablemente
están en mi cardumen

aquí amé y lloré
cuando murió mi linda
y conocí la desesperación

seguramente aquí
también vendrá la parca
a recoger lo que quede de mí
que por supuesto ya no será mucho

no importa / es preferible
estar en donde estuve
entrar en mi ceniza
morir entre los míos

Felicidad

La felicidad suele ser la breve
vacación del dolor / una engañapichanga
cual si hubiera justicia en este mundo

la felicidad tiene sus polillas
que la consumen y resumen / bah
el corazón cree todo o casi todo
lo que lo hace latir / pobre inocente

somos felices más o menos torpes
cuando el apocalipsis es de otros
pero cuando nos roza con su rayo
la tristeza nos presta su ceniza

cada felicidad es un escándalo
y sus sobrevivientes o sus víctimas
no son los mismos antes que después

la felicidad cambia casi todo
por un semestre o por un rato
pero cuando se acaba es un eclipse
y todos nos llamamos a silencio
para añorarla más cómodamente
era tan buena para enamorar
y para que la linda nos quisiera
con la felicidad cede la fiebre
y hasta la muerte se persigna

Preguntas

Yo nací preguntando
con los ojos abiertos
y los puños cerrados
y ellos me respondían
con caricias con mimos
pero no eran respuestas

después mucho después
las réplicas cayeron
como hojas de los árboles
y yo las repetía
en los largos insomnios
y seguí preguntando
con la boca cerrada

después se amontonaron
preguntas y preguntas
con un poco de angustia

¿hacia dónde nos llevan
y de dónde venimos?
¿hay un Dios o son varios
o no existe ninguno?
¿el mundo es un misterio
o un embuste monstruoso?
¿por qué estallan las guerras?
¿todos son asesinos

criminal el poder
y tramposo el dinero?
¿unos sufren de pánico
y otros sufren de envidia?

¿por qué no nos permiten
ser un poco mejores
amando a la mujer
que por fin encontramos
y soñamos con ella
y sin ella despiertos?

¿y por qué cuando somos
finalmente felices
nos morimos carajo?

Más o menos

Eternidad

La eternidad es cada vez más breve
Antes / sin epopeyas ni almanaque
carecía de origen y razones
¿cuándo la eternidad perdió la llave

para abrir un futuro sin eclipses
sin dudas sin recelos y sin pena?
¿cuando la eternidad abrió sus nubes
para darnos la paz de su tutela?

nada ni nadie puede ser eterno
la eternidad es poco transparente
y a través de ese muro clandestino
nos saluda un adiós como de muerte

no es tan grave esa clásica costumbre
eternos o no eternos nos movemos
convengamos en que después de todo
la eternidad es un aburrimiento

Hora menos

Hoy justo a las dos de la madrugada
el reloj sumiso atrasó una hora
en realidad fue orden del gobierno
aburrido de estar siempre en lo mismo

tal vez fue un ademán de independencia
pero es cierto que en la tarde siguiente
nos contemplamos con caras de noche

¿qué habrá pasado en tanto con el mundo?
¿habrá puesto también la marcha atrás?
¿los pájaros se fueron por el aire
y los murciélagos estornudaron?
nosotros invadimos el pretérito
y lo dejamos una hora más breve

hasta sentimos viejas a las sábanas
pero más joven al amor contiguo
esta hora menos nos escandaliza
nos caemos de espaldas o de culo
y no sabemos bien en dónde estamos
si por lo menos esta hora menos
nos achicara un poco la barriga
entonces propondría a los expertos
que por favor bajaran otra hora

Horizonte

Me gustaría hacer equilibrio
sobre la línea del horizonte
y revelar a los de este lado
lo que quizá exista más allá

el horizonte es una frontera
entre los vivos y los posibles /
si uno llegara a poner los pies
sobre esa vírgula divisoria

padecería los inusuales
retortijones del corazón /
el horizonte sólo se enoja
cuando la lluvia lo desfigura

y uno tiene la impresión vaga
de que ese límite es como el rastro
que Satanás o sus estrategas
inventaron para confundirnos

como al horizonte no le importan
las tramoyas ni las profecías
queda esa raya para partir
en dos mitades al universo

Pájaros

Los pájaros nos miran de lo alto
reconociéndose en nuestras miradas
saben de nuestra comprensible envidia
y nos dedican un poco de lástima

los pájaros comprenden lo de abajo
alegran los jardines / las arenas
y si descienden hasta nuestra sombra
se llevan en sus alas la tristeza

los pájaros se esconden cuando llueve
y el árbol los recibe con cariño
y cuando un rayo les sacude el aire
tiemblan desde las alas hasta el pico

los pájaros se asoman a este mundo
lo sobrevuelan pero nunca en vano
pienso que si hay más vidas y volvemos
por una vez quisiéramos ser pájaro

Otra vez pájaros

Me gusta que los pájaros me sigan
son la mejor custodia del afán
y tengo la impresión de que quisieran
enseñarme a volar

nos miran desde arriba o desde cerca
vienen volando desde el Más Allá
y en sus vuelos nos borran de las cosas
que no sucederán

repiten acrobacias con sus alas
son veteranos de la libertad
intermediarios en las coincidencias
triviales o sin par

la ruta que los pájaros se trazan
conserva casi siempre algo de audaz
y cuando saltan sobre el horizonte
todos pensamos ojalá

Ojo de buey

El hombre puede ser un barco humano
que mira el mundo por su ojo de buey
y desde allí detecta al enemigo
y también al amigo por supuesto
gente que lo despide con augurios
y otros que lo reciben desganados

y como cualquier barco teme el trance
de naufragar inesperadamente
hay que acordarse de los salvavidas
que proporciona atenta la conciencia

la nave cruza mares de recelo
y ríos de sospechas y bravura
por el ojo de buey el navegante
diagnostica en qué mundo se revuelve
guarda su corazón en la maleta
y consulta sus dudas con el alma

navegar es vivir y él ya lo sabe
pero el ojo de buey también le anuncia
la orilla de la muerte que interroga

el viento que de pronto es un pampero
lo ubica lejos de esa circunstancia
pero el humano / ahí en su camarote
ya se imagina dónde está el futuro
y en el futuro el fin de su aventura

Sombras

Ni meteorólogos ni profetas
nadie se acuerda de la vieja sombra
que sin embargo es la centinela
de nuestras penas y de nuestras glorias

está la propia / la que no nos deja
especialmente cuando el sol asoma
y están las otras / las de tantos prójimos
que nos saludan desde las baldosas

son las tinieblas propias / las privadas
las que tienen que ver con nuestra historia

pero además está la gran tiniebla
la que aguarda en el fondo de las cosas
y la sombra gigante inabarcable
que nos hace pensar o nos ahoga

el universo vive de lo oscuro
allí esconde fantasmas y memoria

esa noche de todos y de nadie
es la obra maestra de la sombra

Nunca

Nunca es una palabra sin consuelo
la cesación amarga / lo prohibido
el no va más de la pobre esperanza
el muro de los días y las noches

es menos que un adiós y más que basta
prólogo de un abismo organizado
sentencia sin motivo / un estupor
bloqueo de la sangre / esa inocente

nunca es como jamás pero más suave
se hace sentir con todo su imposible
y sin embargo hiere cuando llega
su secreta versión del infinito

nunca es una palabra a duras penas
la nada sin sabor ni ceremonias
guarida de fantasmas y cenizas
y el perdón no buscado / la disculpa

de los sordos los mudos y los ciegos

Hombre solo

Ahí en el bar está siempre un hombre solo
que mira al infinito
y yo lo miro a él

de vez en cuando deja su desvelo
toma un trago
y yo trago con él

se ve que el infinito no le gusta
porque regresa aquí
pero sus ojos verdes no se cierran

sólo entonces mis párpados descienden
en busca de su vieja penumbra natural

Volver o no

Pienso lo que no pienso
es decir eso que ya perdió
su luz de pensamiento

en cambio siento lo que siento
porque los sentimientos
ponen en circulación
profecías alegres
que se cumplen o no
pero son mías

si pudiera volar
con mi mochila a cuestas
volvería más sabio que un murciélago
pero somos terrestres y no hay caso

después de todo
aquí también hay luz y árboles y sangre
y benditos y crueles y perros extraviados

y hay que vivir con todo eso
y sus inesperadas revelaciones

Silencio prólogo

De todas las propuestas de este mundo
tal vez me quedaré con el silencio
allí se esconden todos los enigmas
las profecías que nunca se cumplen
y el sanctasanctórum de los infieles

en el silencio uno se recoge
como en una guarida o un refugio
donde tal vez no quepan más astucias
cada elipsis se abraza a sus incógnitas

los sordos nos saludan como afines
porque son veteranos de esa liza

en el silencio nos acostumbramos
a enfrentarnos con nosotros mismos
y a veces estiramos el insomnio
para dilucidar quién es más fénix
si la mente que calla pero piensa
o el corazón que late pero calla

en su largo crepúsculo el silencio
sabe que su destino inexorable
es ser prólogo digno de la muerte

Ateos

Un día se reunieron los ateos
para crear el dios que les faltaba
y así durmieron y se desvelaron
y dijeron amén por si las moscas

les habría gustado encontrar uno
que fuera más o menos como Cristo
que echó del templo a los mercaderes
aunque no fueran los de Minnesota

pero Jesús no estaba para pruebas
desde que pidió ayuda a su papá
y éste se hizo el muy desentendido

Los ateos hicieron una nómina
de ecónomos políticos sociólogos
jugadores de fútbol masajistas
pilotos artesanos y pastores
astrólogos marinos cocineros
pero ninguno de ellos les servía

aspiraban a un dios de uso doméstico
que puteara como sus feligreses
y durmiera la siesta como ellos

al fin / después de muchos cabildeos
resolvieron dejar el cargo acéfalo

y se fueron al bodegón de siempre
a brindar por un mundo excomulgado

Posteridad

Qué sabor qué color qué olor tendrá
nuestra posteridad / como cualquiera
para ese entonces no habrá ya memoria
en las cosas se instalará el silencio

las bibliotecas con sus libros libres
coleccionados en un siglo y medio
no tendrán nadie que les busque fábulas
ni novelones ni odas inconclusas
cada lomo estará en su estante / esclavo
del soberano orden alfabético

en los roperos habrá sobretodos
y zapatos chalecos pantalones
que no podrán usar ni los fantasmas
y en la cocina una cubertería
que supo transitar por un churrasco

posteridad viene a ser el resumen
de lo que fue una vida impertinente
con sus huellas de odios y de amores
inundaciones y mareas
hollando arena con los pies descalzos
y mirando las nubes peregrinas
en la posteridad muda y hermética
nadie sabe hasta cuándo o desde dónde

Libros

Cuando transitamos
por las páginas de un libro
pocas veces salimos ilesos
siempre hay un personaje
que nos pisa la libertad
o una estampa de mujer
que nos prohíbe enamorarnos

es claro que fabricamos pausas
para defendernos de tanta hoguera
pero de todos modos
casi siempre nos queda
un fantasma de papel

en la cárcel del libro
esperamos el merecido indulto
pero el personaje que era juez
se fue de vacaciones

Método

Me gusta el disgusto de los malignos
cuando no consiguen envenenar al otro
o no logran vender
sus mentiras de crédito

el modo más tranquilo de defendernos
es estar seguros de quiénes somos
convivir con la pena insobornable
no encandilarnos con las profecías
y sobre todo descubrir
los secretos del antes
para que nos sirvan de algo
en el después

Lector

El lector mi lector todavía sin nombre
vale decir un prójimo cualquiera
prota o antagonista de mis poemas
recibe lo que doy
yo me descubro
le digo lo que oculto a mis cercanos

extraigo de mí mismo a duras penas
las penas menos duras
y una que otra alegría
en borrador / casi deshilachada

el lector es mi escucha más sincero
uno que a veces se duele por mí
un oído que piensa que carbura
y yo aprendo bastante de ese eco

no le escribo a un lector
inmóvil como un muro
sino a alguien
que me aprueba o refuta
uno que habla mi lengua
que conoce de heridas
y también un poquito de la muerte
un lector con el que nunca he hablado
y sin embargo nos reconocemos

mi lector es el mismo bajo el sol
que empapado de lluvias y lloviznas

yo sé que está presente
que como yo busca el refugio de una
soledad nueva y tan acogedora
como la paz sin guerra

un lector mi lector ya tiene nombre
pero no lo revelo por ahora
tal vez más adelante o más atrás
en una breve nota al pie de página

Universo de bolsillo

En este pobre cuerpo cabe todo
alma estómago mollera genitales
corazón pesadillas dudas puños
melancolía y otros espejismos

somos un universo de bolsillo
sin un sabio capaz de descifrarlo
tenemos islas de lujuria virgen
archipiélagos de esperanzas locas
bahías con desnudos de muchachas
y voces que nos llaman desde lejos

todo ser es tan único que guarda
los embates del mar en sus pupilas
prepara manos para acariciar
y pies gastados para usar el mundo

admitámoslo de una vez por todas
somos un universo de bolsillo

Ausencias

En mi viejo catálogo de ausencias
algunas todavía me estremecen
compañeros y compañeras de ansias
de abrazos de peligros compartidos
ya no estarán irremediablemente

es como si su sangre regalada
corriera solidaria por mis venas
en busca de mi búsqueda tenaz
y así vivo muriendo
mientras el tiempo corre como un río

unos quedaron desaparecidos
otros aparecieron en sus huesos
sus palabras siguieron resonando
como si todavía nos nombraran

qué podemos hacer con las ausencias
es imposible defenderse de ellas
están ahí deshilachadamente
cual fantasmas sedientos de vivir
o crepúsculos huérfanos de noche

no hay rescate posible en las ausencias
uno sigue con ellas en la mano
y sabe que no puede abandonarlas
el mundo fue creado con ausencias

y allí estarán hasta que en un descuido
también uno pase a ser un ausente

Apocalipsis

Lo patentó el buen apóstol San Juan
vaya a saber por qué
quizá un trastorno de la digestión
o un asma paleolítica

lo cierto es que la Iglesia
una o varias
lo adaptaron para apocalipsar
las guerras o la Santa Inquisición

apocalíptico el imperialismo
invadió torturó quebró derechos
creó cadáveres como liturgia
y para eso ocupó Vietnam
con las mejores intenciones

también después se apersonó en Oriente
donde el apocalipsis es petróleo
y allí quedaron gringos tan tilingos
que fenecieron sin decir amén

en realidad no lo inventó San Juan
los antropófagos lo practicaban
sin onu sin oea sin oas
simplemente a pura inspiración

hoy el apocalipsis
se ha transformado en amuchalipsis
y el mundo sigue andando
con San Juan y su Dios
jugando al truco

Con o sin lágrimas

¿Y quién habrá inventado en otros tiempos
la tontería del valle de lágrimas?
en verdad es la lágrima del valle

no se aprende a llorar con el dolor
sino mucho mejor con la alegría
las húmedas pupilas cantan algo
que no pueden decir los ojos secos

una tarde empezamos a llover
y el chubasco nos moja el corazón

vean cómo la tierra seca es muda
y cuando se humedece habla con selvas
y zarzas y geranios y ramajes
y líquenes saúco y girasoles

el odio es seco por antonomasia
y por las religiones que lo escurren
por las hipocresías del poder
y las hogueras de los fratricidas
el odio es seco por definición
por el marchitamiento de vergeles
y por su desamor hacia las nubes

déjenme que les pida un privilegio
¡por favor no me quiten el rocío!

Envidias

"Aunque jamás lo reconoceremos
todos guardamos un poco de envidia
que aunque no es útil es obligatoria

y también conservamos nuestras ruinas
que sólo sirven para ser testigos
de nuestra frágil anticuada vida

así y todo nos vamos arreglando
para encontrarnos con la suerte esquiva

en mi caso todo eso importa poco
me pregunto por qué surge la envidia

yo envidio por ejemplo a los gigantes
desde mi humilde talla de petizo
envidio a los que tienen callos fáciles
del pedicuro son la vanagloria

también envidio a aquellos que se duermen
leyendo sólo el prólogo de un libro
envidio a los que tienen tres mujeres
pero dos se le fueron al exilio
envidio a los que creen en su buen porte
y el espejo los saca del equívoco"

Eso dijo un señor de mi contorno
pero yo por las dudas no lo envidio

Hojas secas

Qué podrían contar las hojas secas
antes de que unas ruedas las aplasten
o la brisa otoñal las amontone
en bocas de tormenta de la calle

qué pasado pisado las coloca
solas bajo un fanal resplandeciente
qué historieta armarán en el silencio
y qué añoranza de cuando eran verdes

hojas secas anónimas / arcanas
sólo giran en busca de lo mismo
y aunque no lo pretenden se castigan
con la pobre exigencia del olvido

uno las ve pasar volar caerse
quedarse luego inmóviles y viejas
y por fin entendemos que en el tiempo
nuestras vidas también son hojas secas

Lágrimas

Los niños son los que primero aprenden
a llorar / mejor dicho cuando nacen
el llanto es la señal de que están vivos
más adelante hablan muerden gritan
mortifican perdonan se resignan
un día o una noche se dan cuenta
de que también el mundo es como un llanto
viene gimiendo desde sus orígenes
rogando suicidándose sufriendo
llorando por amor o desamor
padeciendo el castigo de estar vivo
sacudiéndose a Dios de un manotazo
y atravesando veintidós insomnios
en busca de algo que lo sustituya
el llanto ayuda a veces a olvidar
porque a menudo es tanta la tristeza
que uno ya no recuerda por qué gime
hay quien sugiere que no pocos ríos
son llantos que descienden de una cumbre
y por supuesto que los arroyitos
son como venas de la madreselva
alguien me dijo que las nubes lloran
y yo / tan desconfiado como siempre
estaba a punto de ponerlo en duda
cuando en la mano me cayó una lágrima

Recuerdos

Los recuerdos nos llaman / siempre insisten
no soportan que los abandonemos
y tienen toda la razón del mundo
porque son los ladrillos del pasado

la memoria es tan fiel que los archiva
por orden alfabético y por zona
para que así podamos encontrarlos
cuando nos hagan falta en pleno insomnio

los recuerdos son pedazos de vida /
si los asimilamos con cautela
y los llevamos hasta nuestro roble
aquel que nos dio sombra en un verano
podremos repasar expectativas
posibles o imposibles / quién lo sabe

los recuerdos nos llevan al origen
se convierten de pronto en la semilla
de las oscuridades y las luces
que vinieron después y despacito

con la memoria vamos y volvemos
por todos los caminos del terruño
ah pero los recuerdos nos esperan
en la aglomeración de las llegadas
y desde luego los recuperamos

porque son hijos de nuestro pellejo
de nuestras glorias y nuestras caídas
bienvenidos recuerdos no lo olviden
tienen hogar en nuestros corazones

Somos

Ante uno mismo hay que compenetrarse
de lo que somos o queremos ser
para así aprovechar nuestros posibles
y descartar los imposibles vanos

suena el bandoneón como un aviso
con él nos estiramos y encogemos
de pronto echa tristeza como humo
y lo seguimos en las horas turbias

con uno mismo habrá que ser decente
dejar las máscaras en el desván
y enfrentar de una vez a los que miran
con ojos de pregunta sin audacia

si vale que no somos / qué vergüenza
en cambio si al fin somos lo que somos
sabremos que el espejo taciturno
nos copia las arrugas de la vida

es mejor no engañar en el mercado
de la felicidad y de las lágrimas
si nos tienen que amar / que nos conquisten
si nos tienen que odiar / pues que nos odien

nosotros odiaremos y amaremos
en nuestra ley de pena y regocijo

y no hacia donde indique la veleta
o el caprichoso afán de los de arriba

si desfallezco en brazos del paisaje
es porque somos de la misma tribu
ah pero a veces el turbión arrolla
y yo me quedo a solas con mi alma

Sentimientos

Estuvimos tan juntos tanto tiempo
mirándonos sintiéndonos buscándonos
viajando por el mundo como intrusos
o como galernas / o como canoas
cada uno en su sueño / o ambos en el mismo /
si las guerras / las patrañas / los crueles
nos separaban obligatoriamente
la nostalgia se metía en los insomnios
y era duro vivir en soledad

fueron 60 años de saber y tenernos
en los silencios como en los abrazos
en los contactos o en la lejanía
creando las congojas y el amor
partiendo de la infancia
en que nos descubrimos /
de la adolescencia
en que nos enlazamos /
y de los otros tiempos y otros años
en que nuestros pasos iban al unísono

nunca hubo razones para pensar finales
qué azar podía quitarnos ese premio
ese vivir en paz a dos latidos
y sin embargo / pese a todo
apareció el alzheimer / esa enfermedad
misteriosa / tan maldita que me la

quitó sin más de entre los brazos
la cambió en otra imagen / otra voz
otro cuerpo / otras manos

y cuando algunas veces pocas veces
ella hoy se mira con los ojos cerrados
vaya a saber qué cosas me pregunta
que yo / desde mi nada / no respondo

la memoria me arrima lo que puede
lo que no se gastó con la costumbre
y el corazón octogenario
y el marcapasos ayudante
aprenden a estar tristes

Epílogo

Antes de su final inmerecido
Luz abrió por última vez sus ojos
y su mirada fue una despedida

nunca podré olvidar
esos ojos tan míos
resumiendo una vida
dando un amor postrero
más o menos consciente
del temblor de mis manos

de ahora en adelante
aunque comparta el tiempo con cercanos
con los míos de siempre
y pregunte y responda y hasta ría
mi alma estará sola en su guarida
con su resignación involuntaria
rodeada de memorias imborrables
e insomnios invadidos de tristeza

y así una noche llegaré en silencio
al borde de mi último destino

Índice

Canciones del que no canta

El que no canta   9

Bostezos   11

Balada   13

Eros   15

Calidoscopio   17

Grillo   19

Milonga desvelada   20

Milonga de los perdones   21

Nocturno   23

Campanas   24

Los que saben   26

Fotos   28

Milonga de la vejez   30

Milonga de la violencia   32

Sonetos con destino

Soneto con cerrazón   35

Soneto del verano   36

Soneto con tango   37

Soneto en guerra   38

Lucha de clases   39

Soneto del enemigo   40

Soneto con noticias   41

Soneto con bruja   42

Soneto con sueños   43

Soneto con destino   44

Soneto del sentimiento   45

Soneto con abismo   46

Soneto de las ruinas   47

Soneto con bailongo   48

Soneto del dinero   49

Soneto del garabato   50

Soneto de memoria   51

Soneto del invierno   52

De amor y de vida

De vez en cuando   55

Prisión   57

Bocas   58

60 años   60

Enamorados   61

Ayer   63

Cenizas   64

Compañero   66

Fracaso   67

Vejeces   68

Foto sepia   69

Dudas   70

Viajando   72

Cumpleaños   74

Arrabal   76

Serenidades   77

Triste o buena   78

Autobiográfica   79

Rincones del alma   80

Teléfono   81

Orillas   83

Vino   85

Otro más con vino   87

Reflejos   88

Azar   89

Búsqueda   90

Ser unánime   91

Mis autores   93

Amparo   94

De un sitio   95

Felicidad   97

Preguntas   98

Más o menos

Eternidad   103

Hora menos   104

Horizonte   105

Pájaros   106

Otra vez pájaros   107

Ojo de buey   108

Sombras   109

Nunca   110

Hombre solo   111

Volver o no   112

Silencio prólogo   113

Ateos	114
Posteridad	116
Libros	117
Método	118
Lector	119
Universo de bolsillo	121
Ausencias	122
Apocalipsis	124
Con o sin lágrimas	126
Envidias	127
Hojas secas	128
Lágrimas	129
Recuerdos	130
Somos	132
Sentimientos	134
Epílogo	136

Canciones del que no canta se terminó de
imprimir en julio de 2007, en Mhegacrox,
Sur 113-9, 2149, Col. Juventino Rosas,
C.P. 08700, México, D.F. Composición
tipográfica: Fernando Ruiz. Cuidado de
la edición: Ramón Córdoba. Corrección:
Rafael Serrano y Clara González.